AF366509

LES HISTOIRES DU PETIT RENAUD

recueillies par

LEOPOLD CHAUVEAU

&

illustrées

par

PIERRE BONNARD

nrf

Librairie Gallimard   3, Rue de Grenelle - Paris

LES HISTOIRES
DU PETIT RENAUD

LES HISTOIRES DU PETIT RENAUD

Librairie Gallimard

3, Rue de Grenelle · Paris

Ici
commencent
les histoires du
PETIT RENAUD,
recueillies par **LÉOPOLD CHAUVEAU**
et enrichies d'illustrations dessinées et coloriées
par **PIERRE BONNARD.**

HISTOIRE DU
GROS ESCARGOT

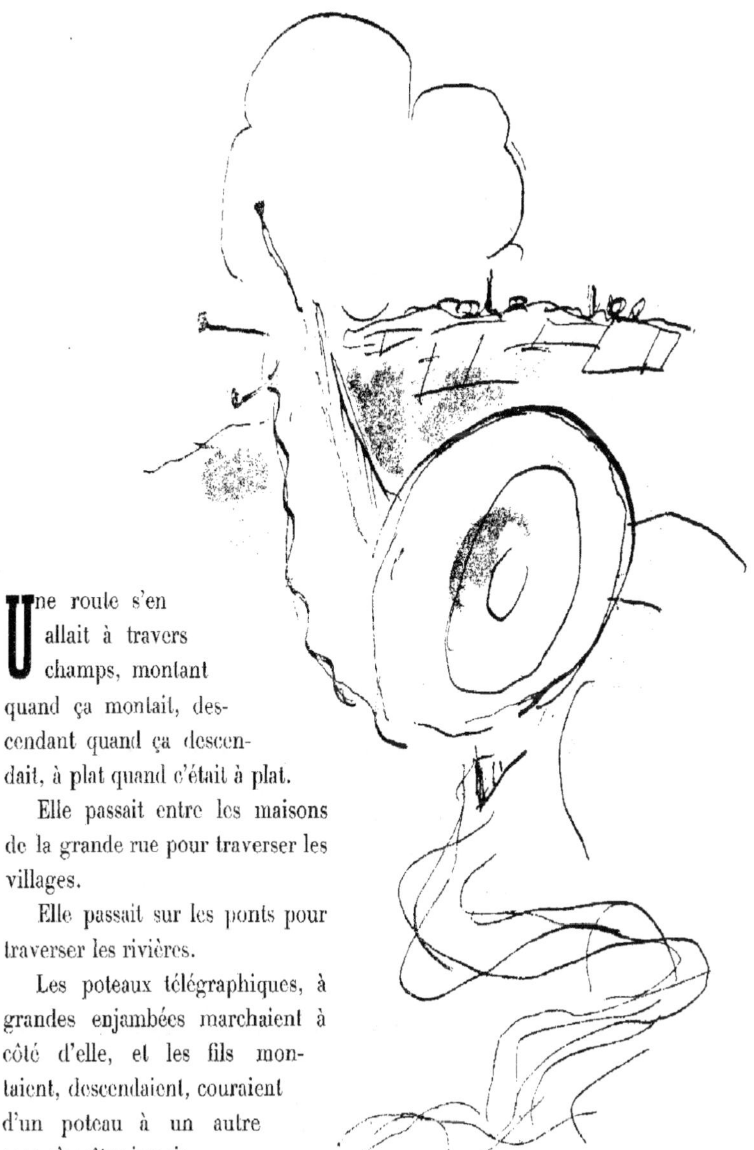

Une roule s'en allait à travers champs, montant quand ça montait, des-cendant quand ça descen-dait, à plat quand c'était à plat.

Elle passait entre les maisons de la grande rue pour traverser les villages.

Elle passait sur les ponts pour traverser les rivières.

Les poteaux télégraphiques, à grandes enjambées marchaient à côté d'elle, et les fils mon-taient, descendaient, couraient d'un poteau à un autre sans s'arrêter jamais

Sur cette route un escargot, lentement, majestueusement, cornes en avant, coquille au dos un peu penchée,
s'avançait.

Il n'avait pas l'air de se presser.

Il se pressait en vérité tant qu'il pouvait, mais on ne s'en
apercevait pas.

Il se pressait parce qu'il craignait de se faire écraser.

Il avait vu si souvent, sur la chaussée, des accidents !

De tout petits escargots disparaissaient sans faire de bruit,
sans laisser de traces, comme si la roue ou le pied qui se posait
sur eux les avalait ! La roue continuait à rouler, le pied continuait à marcher — on ne voyait rien, rien du tout, rien de plus
qu'ailleurs, à l'endroit où le petit escargot venait de se faire
écraser.

De gros escargots écrasés, il en avait vu beaucoup aussi. Pas
d'aussi gros que lui, évidemment, puisqu'il était le plus gros, le
plus fort, le plus solide escargot qui eût jamais existé, de mé-
moire d'escargot, dans le monde des escargots — mais des
gros, cependant, qui disparaissaient, pscht ! On entendait
un craquement, un petit crachotement ; il ne restait sur la
route qu'une tache gluante, un petit tas de marmelade et
aucun espoir de jamais plus pouvoir distinguer ce qui
avait été viande, ce qui avait été coquille, de jamais plus
reconnaître rien qui ressemblât à un morceau quelconque
d'escargot.

Toute l'intelligence de cet escargot-là, si grande fût-elle, par-
tait en fumée.

Le gros escargot qui traversait la route en se dépêchant, se
rappelait tout cela. Il avait peur. Il pensait cependant qu'il était
le plus gros, le plus fort, le plus solide des escargots, et il se

croyait de force
à supporter, sans
craquer, le poids
de la plus puis-
sante auto, du
plus lourd tom-
bereau.

Pourquoi pas,
après tout?

Quelques jours
auparavant il avait
vu une charrette
passer sur le dos

d'une tortue pas plus grosse que lui, non certainement ! pas plus grosse. La charrette était peut-être vide, mais c'était tout de même une charrette.

La tortue avait rentré tête et pattes. Bien sûr qu'il rentrerait aussi sa tête et le reste ! pas ses pattes puisqu'il n'en possédait pas, mais tout ce qu'il mettait dehors à la place de pattes.

La charrette passée, la tortue avait sorti tranquillement sa tête, ses pattes, sa queue qu'elle n'avait pas oublié de rentrer, mais dont j'ai oublié de parler, et elle avait continué son chemin.

Pourquoi lui, escargot, le plus gros, le plus solide des escargots, n'en ferait-il pas autant que cette tortue qui était loin d'être la plus grosse, la plus solide des tortues ?

Et il allait sur la grand'route bien lisse, bien unie, juste assez boueuse pour que le ventre y glissât agréablement, pas assez pour que l'on y pateaugeât malproprement. Il venait de tomber juste la petite pluie qu'il fallait.

Le gros escargot allait, fier, lent, majestueux, cornes en avant. Il n'avait plus peur.

Et il ne se troubla pas quand il entendit venir une voiture. Les pieds des chevaux battaient la route en cadence, les roues grinçaient, craquaient, le charretier faisait claquer son fouet.

L'escargot pensa :

— Il est temps de rentrer. »

Et il rentra.

La terre se mit à trem-

bler. Il était secoué, jusqu'au fond de sa maison chaque fois que le pied d'un cheval, au passage, se posait près de lui.

Il pensa :

— Il était temps !

La terre trembla plus fort. Il entendit un roulement de tonnerre, et, tout à coup, un craquement.

Il pensa :

— Voilà la charrette qui me passe sur le dos !

Et puis, n'entendant plus rien, il se dit :

— Je suis mort ! Ma maison est écrasée, aplatie, et moi écrasé, aplati dedans ! Je n'étais pas aussi solide que la petite tortue ! Peut-être la charrette était-elle plus lourde !

Il n'entendait plus rien du tout, la terre ne tremblait plus, il pensa :

— On est très bien quand on est mort.

Mais au bout de quelques instants, comme il ne ressentait aucun mal — aucun mal dans aucune partie de son corps, ainsi qu'il en aurait sûrement ressenti, au moment où il aurait été écrasé, s'il avait été vraiment écrasé, il soupçonna qu'il n'était peut-être pas mort, ni écrasé. Sa maison avait supporté sans faiblir, le poids de la charrette !

Il ne supposa pas un instant qu'il venait de passer entre les roues de la charrette.

Non ! Il était beaucoup trop fier qu'elle lui eût passé dessus, sans l'endommager, pour aller croire qu'elle eût passé à côté.

Pour s'assurer qu'il vivait encore, il se gonfla un peu,

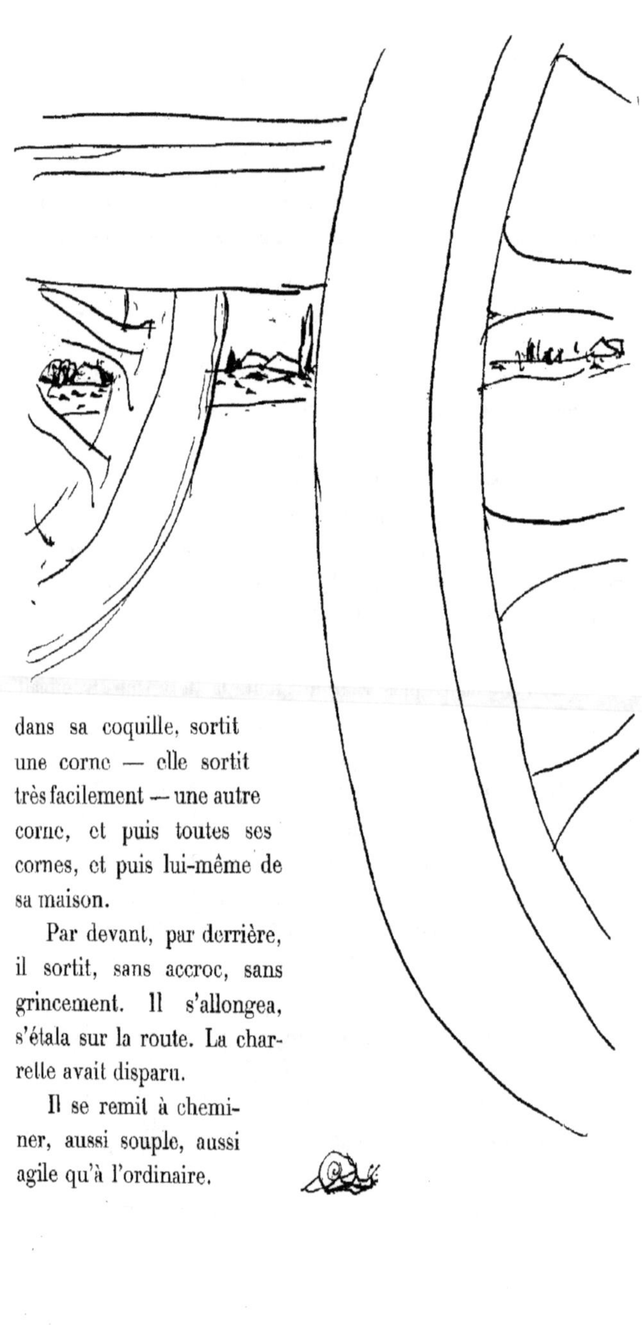

dans sa coquille, sortit
une corne — elle sortit
très facilement — une autre
corne, et puis toutes ses
cornes, et puis lui-même de
sa maison.

Par devant, par derrière,
il sortit, sans accroc, sans
grincement. Il s'allongea,
s'étala sur la route. La charrette avait disparu.

Il se remit à chemi-
ner, aussi souple, aussi
agile qu'à l'ordinaire.

Il ne craignait plus rien, il savait qu'il pouvait supporter le poids d'une charrette. Cependant, sans trop le laisser voir, il se dépêchait tant qu'il pouvait. Cela avait bien marché avec cette charrette-là. Mais avec une autre — on ne sait jamais !

Quand il fut arrivé au bord de la route, il rangea sa roulotte dans le fossé, rentra, se tassa confortablement au fond de sa coquille et s'endormit.

Le lendemain, à la pointe du jour il s'éveilla.

Il tira une de ses cornes, une des grandes, celle de gauche qui lui servait de thermomètre. Il constata que la température était bonne, pas trop chaude, pas trop froide, mais agréablement moyenne.

Il tira sa grande corne de droite qui lui servait de baromètre. La pression atmosphérique était bonne, aussi, également favorable à la promenade, ni trop forte, ni trop faible.

Alors il tira ses petites cornes qui lui servaient, l'une pour voir, l'autre pour entendre. Il ne vit rien, n'entendit rien d'inquiétant.

Il sortit tout entier et se mit en route.

Cornes tendues il marchait, plongeant thermomètre et baromètre dans l'inconnu, avant d'y pénétrer lui-même, tâtant à droite, à gauche, en avant, pour s'assurer que la température, que la pression se maintenaient bonnes.

Pour ce qui est de voir et d'entendre, à dire vrai il n'y voyait pas très clair, il n'entendait pas très bien, et ses petites cornes ne lui servaient guère. Mais il ne voulait pas en convenir, et il les tirait toujours, aussi longues qu'il pouvait, dès qu'il se mettait en marche.

3

Il n'avait pas encore rattrapé avec le bout de sa queue l'endroit où se trouvait son nez quand il était parti, qu'il se sentit brusquement arraché du sol et soulevé à une hauteur formidable. Il aurait pu la mesurer en observant la baisse de son baromètre, mais il n'eut pas le temps d'en avoir l'idée, et il retomba dans un panier à moitié plein déjà d'escargots.

Le temps était si beau, bien humide, sans soleil, que les escargots, en foule, sortaient, et la paysanne qui portait le

panier n'avait
qu'à se bais-
ser pour les
ramasser.

Elle se bais-
sait, les ra-
massait. Bien-
tôt son panier fut plein.

Elle rentra. Elle versa
ses escargots dans un vieil
arrosoir rouillé, un peu
percé.

Les malheureux colima-
çons entassés, coquille en
bas, coquille en l'air, en-
chevêtraient leurs queues,
leurs cornes, bavaient, se
bousculaient, leurs idées
s'embrouillaient.

Ceux qui étaient dessus,
les premiers reprirent leurs
esprits et grimpèrent au
mur de leur prison. Ils ne
trouvèrent pas d'ouverture.

Le gros escargot explora
d'abord l'orifice du tuyau.
Il vit qu'il n'y pourrait
passer.

Alors il monta. Il comprit que la paysanne
avait posé une tuile sur l'ouverture de l'arrosoir.

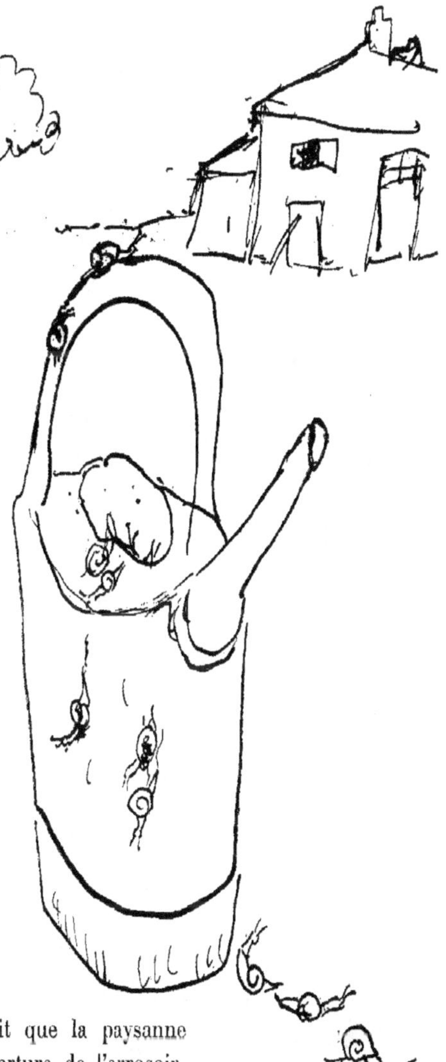

Il prit un bon point d'appui, colla bien son ventre, rentra toutes ses cornes — il ne voulait pas risquer de casser son baromètre, son thermomètre, ni d'abîmer le peu d'ouïe ou de vue qu'il possédait — bomba le dos, poussa, et la tuile tomba.

Les escargots, lentement, se précipitèrent dehors.

Le lendemain ils étaient éparpillés dans le jardin.

Les plus agiles avaient déjà disparu.

Les plus bêtes, coincés dans le tuyau de l'arrosoir, ne pouvaient plus avancer, ne pouvaient pas se retourner, et ils ne savaient pas marcher à reculons.

La paysanne rattrapa ceux qu'elle put. Elle les rejeta dans l'arrosoir, si rageusement que les premiers, en touchant le fond, se fracassèrent et firent un coussin très doux sur quoi les suivants tombèrent sans s'abîmer.

Le gros escargot avait traversé une haie

et se trouvait, dans une allée de jardin.

Tout à coup il vit, venant, tout près un petit garçon qui poussait une minuscule brouette où une poignée d'herbe représentait une énorme charge de foin.

Le petit garçon fit passer la roue de sa brouette sur la coquille de l'escargot.

L'escargot n'avait pas peur de cette légère brouette. Ne pouvait-il pas supporter sans faiblir le poids d'une énorme charrette ? Il serait bien rentré cependant, par prudence. Il n'en eut pas le temps.

Il entendit un bruit beaucoup plus formidable encore que celui de la charrette, et cette fois, impossible de s'y tromper, sa maison craqua, s'aplatit.

Heureusement, il n'eut pas le temps d'y rentrer.

Elle était écrasée.

Et lui, le pauvre escargot, très étonné, étalait sa queue derrière sa maison, dressait la tête par devant, tenant haut le thermomètre et le baromètre.

Le peu qui restait dans la maison, meurtri, déchiré, aplati, était encore suffisant pour que l'escargot ne fût pas absolument coupé en deux.

Le gros escargot ne perdit pas son sang-froid. Il rapprocha autant qu'il put sa tête de sa queue et avala beaucoup d'air pour regonfler ce qui était aplati entre les deux.

C'était très aplati, mais moins abîmé qu'on aurait pu le craindre,

et bientôt l'air passa, comme il devait passer, par où il devait passer, là-bas, par derrière, de l'autre côté de la coquille.

En même temps les idées reprirent leur cours ordinaire, de la tête à la queue, et inversement.

Ensuite, il employa plusieurs jours à ramasser les morceaux de sa coquille, à les remettre, chacun à sa place et à les recoller avec une solide colle qu'il savait baver.

Et il fut parfaitement raccommodé.

Pendant quelque temps il resta un peu sensible du ventre, il ne passa pas volontiers sur les chemins raboteux, et il souffrit légèrement quand il mangea trop.

Mais bientôt il retrouva sa robuste santé d'autrefois, put passer n'importe où, manger n'importe quoi jusqu'à la limite extrême de la capacité de son estomac.

Alors il réfléchit.

Il conclut, de ses réflexions, que les voitures — il appelait voitures tout ce qui marchait sur roue — contrairement aux autres animaux ou objets, étaient d'autant plus lourdes qu'elles étaient plus petites.

Il avait été écrasé, avait failli être tué par une toute petite brouette, alors qu'une énorme charrette, en lui passant dessus, ne lui avait fait aucun mal.

En vérité la charrette ne lui était pas passée dessus.

Mais cela, il ne le savait pas.

Tandis que le gros escargot admirait la rigueur de sa logique et la beauté de sa conclusion, le petit père Renaud le vit, le ramassa, me l'apporta.

Je lisais, assis dans un fauteuil, sous la vérandah.

Il le posa sur mon genou.

A travers la toile légère
de mon pantalon, je sentis
le froid gluant de l'escargot.
Je m'écriai :

— Vilain bonhomme ! veux-tu vite
ôter de là cette sale bête.

— Oh ! papa ! ce n'est pas une sale bête ! c'est mon gentil petit escargot que j'aime !

— Il est peut-être très gentil, mais toi, tu es un petit goret de me l'avoir posé sur le genou. Regarde quelle tache il a faite à mon pantalon !

— Oh ! moi j'ai beaucoup plus de taches que cela, sur le mien. Tiens ! tu vois toutes ces taches !

Et le petit père Renaud relevant sa blouse d'une main, creusant son ventre, pliant les genoux, baissant la tête, me montrait du doigt une tache sur sa culotte.

— Tiens ! encore une ! et puis encore une ! et encore une autre !

Je vis en effet beaucoup de taches, de toutes les grandeurs, de toutes les couleurs, sur la culotte du petit père Renaud.

Il se redressa, rabattit sa blouse et ajouta :

— Je suis sûr qu'il y en a encore plus par derrière, mais je ne peux pas les voir. Et j'ai mis cette culotte toute propre ce matin !

Il s'en alla, tenant son escargot à pleine main. Il l'enferma dans une boîte.

Pendant deux jours il ne lâcha pas sa boîte, et je dus me fâcher pour empêcher qu'il la posât, à table, à côté de son assiette.

Enfin il la rangea sous un hangar où il pouvait aller faire de fréquentes visites à son escargot.

— Il est très content, affirmait-il, il est à l'abri de la pluie, à l'ombre, il a beaucoup d'air, il sent toutes les odeurs du jardin, il est très, très content.

Cependant, quelques jours plus tard, le petit père Renaud me dit :

— Papa ! je crois que mon escargot s'ennuie. Il voudrait s'en aller. Il grimpe toujours jusqu'au couvercle de la boîte.

— Evidemment, répondis-je, il doit s'ennuyer. Il n'a personne avec qui parler ou s'amuser. Mets un autre escargot dans la boîte.

— Oh ! ça c'est une bonne idée ! Papa ! tu es très intelligent !

— Merci !

Le soir même, le gros escargot eut un camarade.

Pendant longtemps le petit père Renaud ne me parla plus de ses escargots.

J'avais oublié leur existence quand il entra, sans frapper, dans mon atelier et me dit :

— Papa ! tu n'es pas aussi intelligent que je croyais.

— C'est dommage ! Mais pourquoi viens-tu m'annoncer aujourd'hui cette triste nouvelle ? et pourquoi ne frappes-tu pas avant d'entrer ?

— D'abord, je ne frappe jamais.

— C'est vrai — mais tu as tort.

— Et puis mon escargot s'ennuie toujours autant. L'autre aussi s'ennuie. Ils ont envie de s'en aller. Ils sont collés, tous les deux sous le couvercle, de la boîte. Et même c'est

très dangereux,
parce qu'ils bou-
chent, avec leur ven-
tre, les trous que j'ai
percés pour laisser pas-
ser l'air. Qu'est-ce qu'il
faut faire, dis, pour qu'ils ne
s'ennuient pas ?

— Je ne sais pas. Je ne m'en mêle plus puisque tu me
trouves si bête.

— Mais, papa ! je ne te trouve pas bête du tout ! Je
trouve seulement que tu n'es pas aussi intelligent que tu
en avais l'air.

— Non ! Je ne suis pas assez intelligent pour distraire
des escargots. Fiche-moi la paix ! laisse-moi travailler !
arrange-toi comme tu voudras ! je te dis que je ne m'en
mêle plus !

Le petit père Renaud ne savait pas très bien si j'étais
vexé ou non. Peut-être ne le savais-je pas très bien, moi-
même.

Il resta un long moment sans rien dire. Et tout à coup
il reprit la parole :

— Tu sais, papa, j'aime mon escargot. Je l'embrasse !

— Petit sale !

— Pourquoi petit sale ?

— Parce que la coquille de ton escargot est certainement très malpropre. Tu ne sais pas où il a été avant
que tu le trouves. Et je ne pense pas que tu l'aies nettoyé.

— Bien sûr, que je ne l'ai pas nettoyé ! Et puis ce n'était

4

pas la peine, parce que ce n'est pas sa coquille que j'embrasse. C'est lui que j'embrasse.

— Comment ? lui ?

— Oui ! J'ai d'abord voulu l'embrasser sur le nez, mais dès que je m'approche il rentre vite sa tête. Alors je viens tout doucement, par derrière, et je l'embrasse sur la queue. Quelquefois aussi je l'embrasse sur le ventre, quand je le prends dans ma main, avant qu'il ait eu le temps de rentrer tout entier dans sa coquille. C'est très doux, très bon à embrasser.

— Oh ! m'écriai-je, dégoûtant !

— Pourquoi dégoûtant ? Il est très propre, mon escargot ! Et puis je l'aime ! Il est si gentil !

— Il est peut-être très gentil, mais toi, tu es horriblement dégoûtant !

— Je ne trouve pas. Et puis, tu sais, papa, j'ai inventé un moyen pour l'empêcher de s'ennuyer.

— Cela ne m'étonne pas. Tu es beaucoup plus intelligent que moi.

— C'est vrai ! Il s'ennuie parce que je ferme la boîte. Si elle restait ouverte, il aurait beaucoup plus d'air, il y verrait très clair, il ne s'ennuyerait plus, il n'aurait plus envie de s'en aller.

— Moi, je crois que si tu laisses la boîte ouverte, il s'en ira.

— Moi, je ne crois pas.

— Tu n'as qu'à essayer. Je parie qu'ils s'en iront tous les deux.

— Je parie que non ! je vais tout de suite enlever le couvercle.

Le petit père Renaud oublia de fermer la porte. Je l'entendis descendre l'escalier de bois, aussi vite qu'il pouvait. Il posait ses deux pieds, l'un après l'autre, sur chaque marche, brusquement le premier, doucement le se-

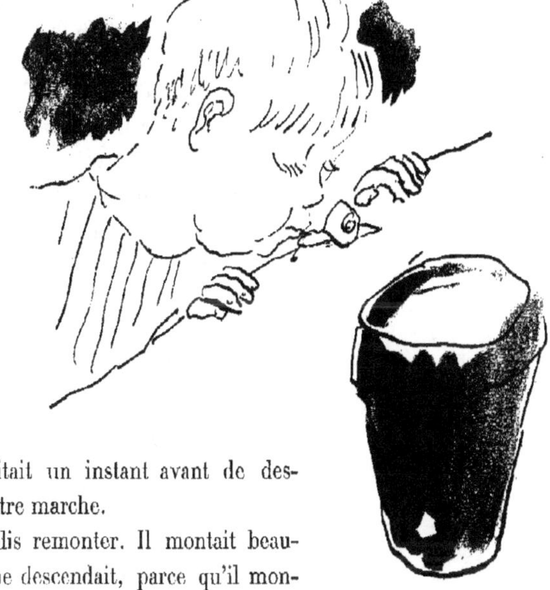

cond ; et puis il hésitait un instant avant de descendre encore une autre marche.

Bientôt je l'entendis remonter. Il montait beaucoup plus vite qu'il ne descendait, parce qu'il montait à quatre pattes.

Il arriva pâle, essoufflé :

— Papa ! tu ne sais pas ce qui m'arrive ?

— Non ! qu'est-ce qui t'arrive ?

— Je ne sais plus quel est celui que j'aime !

— Comment ? quoi ?

— Je ne reconnais plus quel est celui de mes deux escargots qui est celui que j'aime !

— Oh ! là ! là ! catastrophe ! Eh ! bien ! tu n'as qu'à les aimer tous les deux. Tu seras sûr d'aimer le bon.

— Ça, c'est encore une bonne idée, une très bonne idée. Décidément, papa, tu es très intelligent.

— Oui ! je sais. Malheureusement ça ne dure pas.

— Oh ! cette fois, ça durera peut-être.

Désormais, le petit père Renaud aima ses deux escargots. Il aima toujours beaucoup plus celui qu'il avait aimé le premier, mais cela n'avait aucune importance puisqu'il ne savait pas lequel c'était.

Il y eut une longue période de sécheresse, pendant laquelle les escargots restèrent tranquillement au fond de la boite.

Et le petit père Renaud me répétait, sans modestie, plusieurs fois par jour :

— Tu vois ! je te l'avais bien dit !

Un soir enfin la pluie tomba. Toute la nuit elle tomba.

Le lendemain matin on ne trouva plus qu'un escargot dans la boîte.

Et lâchement, je me moquai du petit père Renaud :

— Tu vois ! je te l'avais bien dit !

Sans se troubler il répliqua :

— C'est sûrement celui que j'aime qui est resté. Il m'aime aussi. Il ne s'en ira jamais, lui !

Cependant, depuis lors, il tint la boîte toujours fermée.

Quand arriva la fin des vacances, il rendit la liberté à son cher escargot.

Nous étions rentrés à Paris.

Le petit père Renaud me dit un jour :

— Papa ! je viens de recevoir une lettre de mon escargot.

Et il me tendit un morceau d'enveloppe qu'il avait pêché dans la corbeille à papiers.

— Tu vois, il a mis
un timbre ! S'il te plaît
me lire ce qu'il y a
d'écrit dans la lettre.

Je pris la lettre et
je lus :

— Mon cher
Renaud, com-
ment vas-tu ?

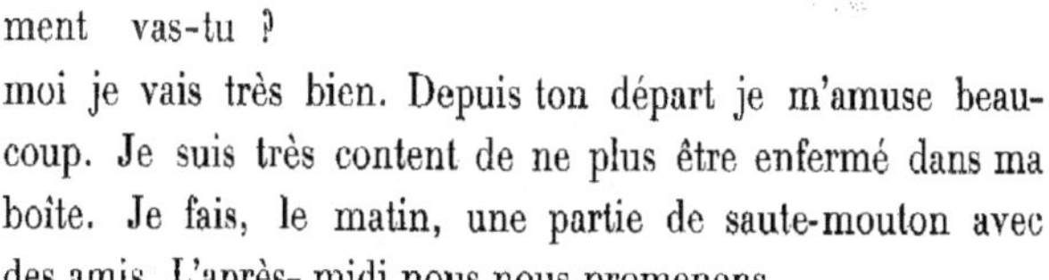

moi je vais très bien. Depuis ton départ je m'amuse beaucoup. Je suis très content de ne plus être enfermé dans ma
boîte. Je fais, le matin, une partie de saute-mouton avec
des amis. L'après- midi nous nous promenons.

Le temps est magnifique ; il pleut sans arrêt ; je n'ai
jamais vu autant de boue dans le jardin.

J'oubliais de te dire que je suis marié. J'ai épousé une
charmante escargote que j'ai rencontrée sous une feuille de
chou. Nous serons très heureux plus tard, mais, pour le
moment, nous nous disputons encore beaucoup.

Tu seras le parrain de notre premier enfant. Nous l'ap-
pellerons Escarenaugod.

Ma femme, à qui j'ai souvent parlé de toi, t'envoie ses
amitiés. Je t'embrasse.

Signé : Escargot.

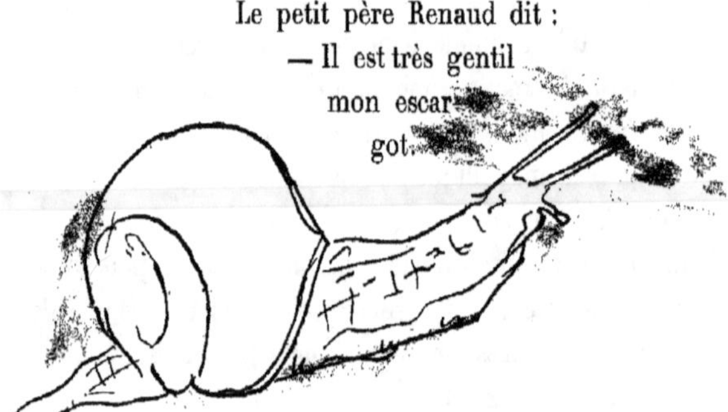

Le petit père Renaud dit :
— Il est très gentil
mon escar-
got.

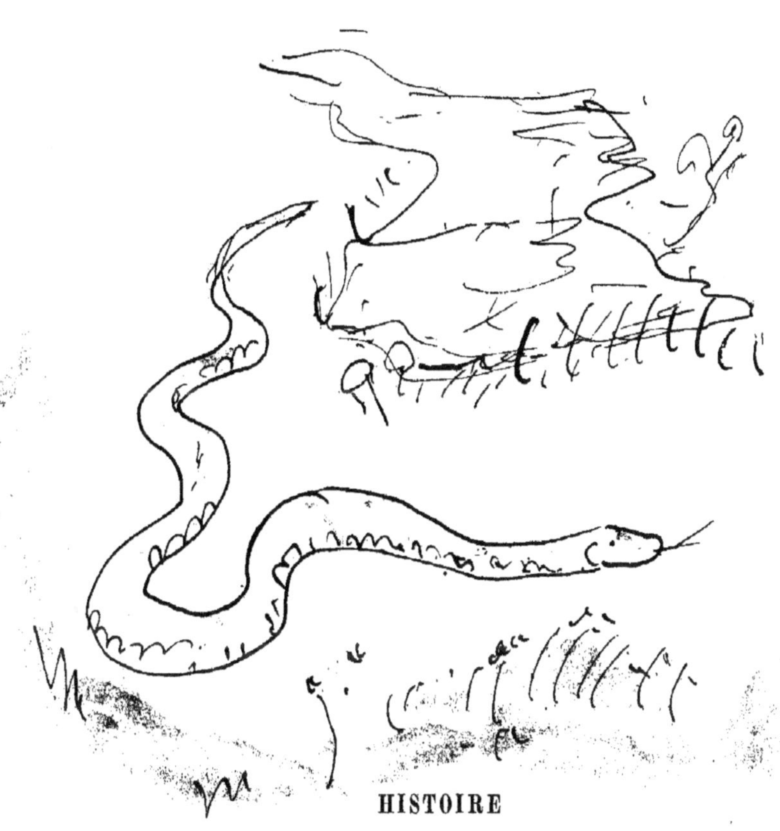

HISTOIRE

DU PETIT SERPENT

J'entrai dans la chambre ; je vis le petit père Renaud assis sur
une chaise, les deux poings fermés, tendus en avant.

— Papa, me cria-t-il, viens à Marseille avec moi !

Je compris qu'il tenait à deux mains le volant d'une puissante
automobile.

— Fais-moi une petite place !

Il se recula. Je m'assis à côté de lui.

— Pousse-toi encore un peu !

— Je ne peux pas aller plus loin.

J'étais en équilibre sur le bord de la chaise, mais je tenais.
Je dis :

— Ça va ! je tiens ! partons !

Et dans un bruit de grognements qui devait imiter un bruit
d'engrenages récalcitrants, nous partîmes.

Nous filâmes silencieusement, à grande vitesse.

— Tu conduis bien !

— *Oui, très bien — et tu sais, nous allons très vite.*

Le petit père Renaud, soufflant à coups précipités, accéléra l'allure de la voiture.

— *Arrête ! criai-je, arrête ! Mon chapeau vient de s'envoler.*

— *Non ! non ! tant pis ! Je ne m'arrête pas, ça marche trop bien ! Et puis on ne met pas un chapeau à larges bords pour aller en automobile.*

— *Oh ! mon pauvre chapeau ! Voilà une motocyclette qui passe dessus ! il est écrabouillé.*

— *Tant pis ! la prochaine fois tu mettras une casquette !*

— *Attention, criai-je tout à coup, tournant dangereux ! Vois cet écriteau ! Attention ! Ralentis ! Tournant très dangereux !*

— *Tant pis ! tant pis ! moi je ne sais pas lire !*

— *Mais je te dis que c'est écrit ! Très dangereux ! Tournant très dangereux !*

— *Oh ! alors, puisque c'est écrit, il faut bien qu'il arrive un bel accident !*

Et le petit père Renaud, précipitant de plus en plus le bruit du moteur, se laissa brusquement glisser à terre, levant les jambes en l'air et criant :

— *Boum ! Patapoum ! Boum !*

Mon poids fit basculer la chaise ; je tombai, tout de mon long, de l'autre côté, sur le tapis.

Nous restâmes longtemps étendus, riant à en perdre la respiration. Enfin je m'assis et je dis :

— *Tu vois comme il est dangereux d'aller si vite.*

— *Oui, mais ce n'est pas amusant quand il n'y a pas d'accident. Maintenant c'est très amusant parce que tu as une jambe cassée.*

— *Tu trouves cela amusant !*

— *Oui, très amusant, parce que tu vas être obligé de rester là, assis par terre. Alors, tu vas me raconter une histoire.*

— *Ah ! vraiment !*

— *Oui ! une histoire à pied.*

— *Une histoire à pied ! Qu'est-ce que c'est que ça, une histoire à pied ?*

— *C'est une histoire que tu racontes, pas une histoire que tu as déjà écrite et que tu lis.*

— *Pourquoi diable appelles-tu ces histoires-là des histoires à pied ?*

Ici le petit père Renaud se lança dans des explications auxquelles je ne compris rien du tout. Et puis je finis par comprendre.

Ecouter une histoire lue, c'était faire un voyage en autobus. L'autobus a un parcours fixe, passe toujours par les mêmes rues, s'arrête toujours aux mêmes endroits. On n'y peut rien changer et quand on est arrivé au bout de la ligne, il faut descendre.

Si l'on refait le trajet une seconde fois, c'est encore la même chose.

Ecouter une histoire inventée et racontée, c'était faire une promenade à pied. On part en donnant la main à son papa, on le fait aller où on veut, à droite, à gauche. Quand il va trop vite, on le retient ; si on a envie de courir, on court ; si on a envie de s'arrêter, on s'arrête ; on lui demande toutes sortes d'explications, et quand on est fatigué, on lui grimpe sur les épaules.

— *Je dis au petit père Renaud :*

— *Je ne peux pas aller à pied, puisque j'ai une jambe*

cassée, mais si tu veux, je vais te lire l'histoire du petit serpent.

— L'histoire du petit serpent ! tu ne me l'as jamais racontée !

— Non ! je l'ai écrite hier soir, pendant que tu dormais.

— Raconte-la moi !

— Non ! je vais te la lire. Ce ne sera pas une histoire à pied, ce ne sera qu'un petit voyage en autobus.

— Tant pis !

Nous oubliâmes que j'avais la jambe cassée ; je me levai, pris mon manuscrit, m'assis dans mon fauteuil et lus.

HISTOIRE DU PETIT SERPENT

Un jour, un petit serpent fut désobéissant et insolent. Sa mère lui dit :

— Ne mets pas tes doigts dans ton nez !

Il répondit :

— D'abord il n'y en a qu'un !

C'était vrai. Il n'y en avait qu'un, l'index de la main droite. Le petit serpent ne mettait jamais qu'un doigt à la fois dans son nez, presque toujours le même, presque toujours cet index-là.

Et il l'y laissa.

Sa mère se précipita pour lui donner la claque qu'il méritait. Il ne voulut pas la recevoir et se sauva sur trois pattes, le doigt dans le nez pour narguer sa mère.

L'insolent !

Mais il ne l'y laissa pas longtemps ! Il eut bientôt besoin de toutes ses pattes — elles n'étaient pas de trop, toutes les quatre, elles étaient même juste suffisantes pour le maintenir à distance de sa mère.

— Faut-il qu'elle soit en colère pour courir si vite ! pensait-il. Quelle claque je vais recevoir si elle m'attrape !

Et des quatre pattes il travaillait et se sauvait.

Il se sauva pendant si longtemps, elle le poursuivit si assidûment, qu'elle oublia pourquoi elle tenait tant à lui donner une claque. Elle se rappelait qu'il en méritait une, elle voulait la lui donner, mais elle ne se rappelait plus du tout pourquoi elle voulait la lui donner.

Il se sauvait. Il avait oublié, lui aussi, depuis bien longtemps, pourquoi il méritait une claque. Ce pourquoi-là n'avait d'ailleurs pas grande importance — il savait qu'il la recevrait sûrement, et que ce serait sûrement une bonne claque, s'il se laissait rattraper, et il se sauvait.

Il se sauva si loin, pendant si longtemps, que ses pattes, peu à peu s'usèrent. Quand elles furent tout usées, usées jusqu'à la racine toutes les quatre, il n'eut plus de pattes.

Il ne s'arrêta pas — il entendait sa mère courir derrière lui — il ne retourna pas la tête, pour ne pas perdre de temps — il continua à se sauver, en rampant sur le ventre.

Tout cela n'arriva pas d'un seul coup. Ses pattes s'usèrent lentement, et au fur à mesure qu'elles s'usaient, il apprenait à ramper sur le ventre.

Elles ne s'usèrent pas très vite, et il eut le temps d'apprendre à ramper parfaitement bien avant qu'elles eussent disparu entièrement, usées jusqu'à la racine et qu'il ne lui restât plus trace de doigt, trace de pied, trace de main, de patte de devant ni de patte de derrière, si bien usées que jamais, plus jamais, rien n'en repoussa.

La mère apprit à ramper sur le ventre, exactement de la même façon, avant que ses pattes fussent tout à fait usées, usées jusqu'à la racine, si bien usées que, depuis lors, tous les serpents naissent sans pattes — on n'a plus jamais vu un seul serpent avec des pattes ni rien qui ressemblât à des pattes — sauf quelques serpents manqués qui sont des lézards. Et tous les serpents rampent sur le ventre parce qu'ils trouvent que c'est le plus com-

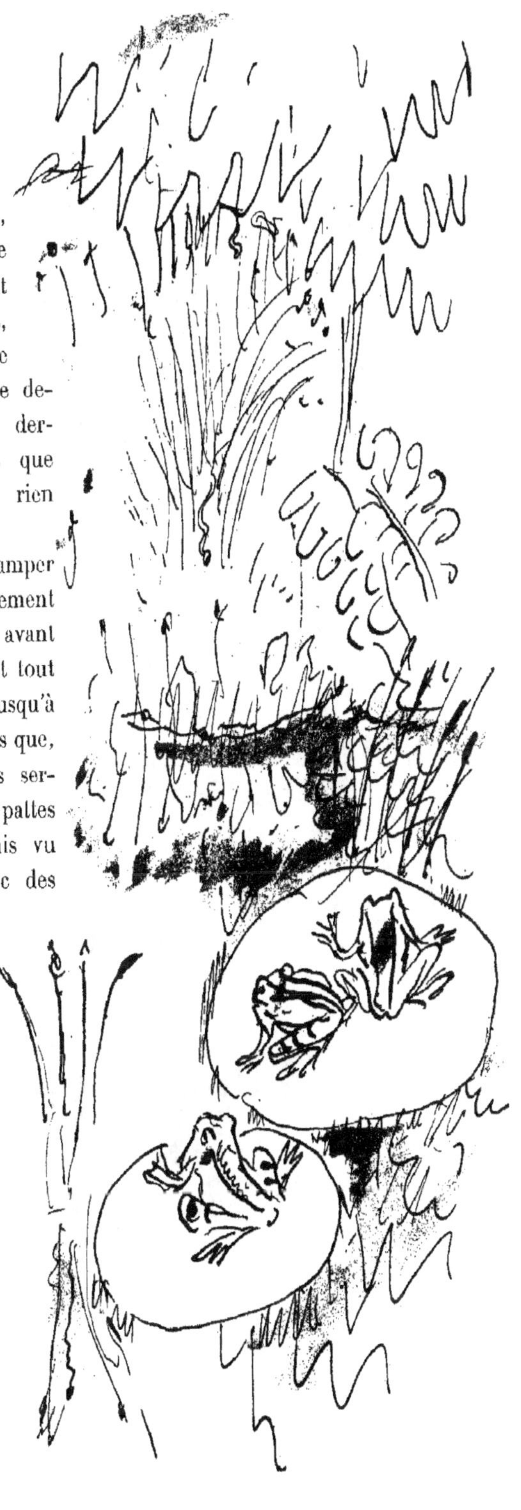

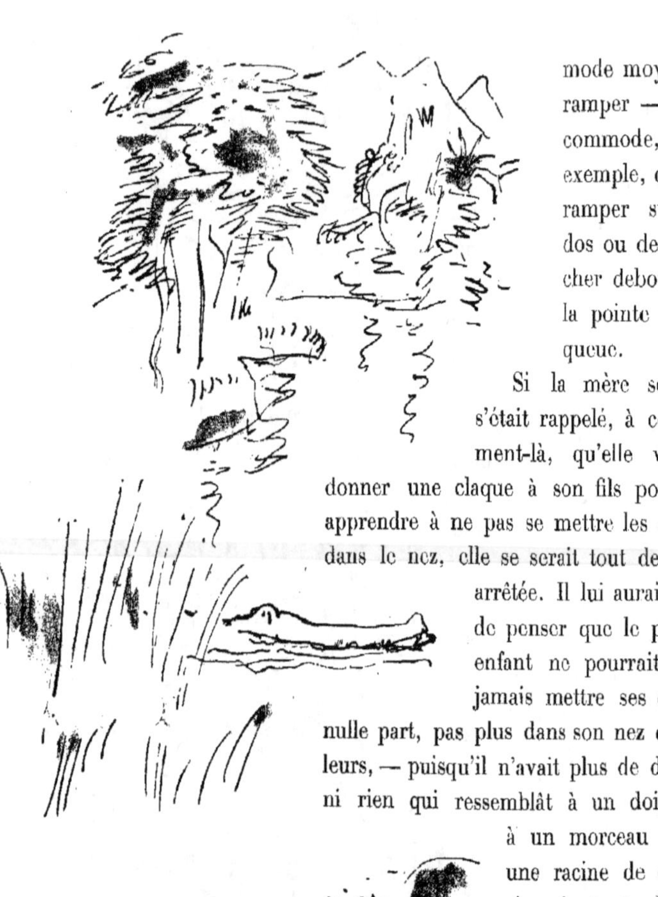

mode moyen de ramper — plus commode, par exemple, que de ramper sur le dos ou de marcher debout sur la pointe de sa queue.

Si la mère serpent s'était rappelé, à ce moment-là, qu'elle voulait donner une claque à son fils pour lui apprendre à ne pas se mettre les doigts dans le nez, elle se serait tout de suite arrêtée. Il lui aurait suffi de penser que le pauvre enfant ne pourrait plus jamais mettre ses doigts nulle part, pas plus dans son nez qu'ailleurs, — puisqu'il n'avait plus de doigts, ni rien qui ressemblât à un doigt ou à un morceau ou à une racine de doigt, rien du tout, absolument rien du tout en fait de doigt.

Elle allait lui donner une claque inutile.

Et la lui donner avec quoi ? Puisqu'elle n'avait plus, elle non plus, rien qui pût servir à donner une claque. Avec sa queue, peut-être ? Mais y aurait-elle pensé tout de suite ?

Le petit serpent se sauvait. Il se faufilait entre les pierres, glissait dans l'herbe ; et cela dura si longtemps qu'il commença à souffrir du ventre. Il n'avait pas encore l'habitude de le cogner ainsi contre tout ce qui se rencontrait.

Sa mère gagnait du terrain.

Il allait être rattrapé et recevoir sa claque. Son ventre lui faisait mal ; il avait envie de pleurer, mais il ne pleurait pas parce que cela n'aurait servi à rien. Sa mère ne se laissait pas attendrir par des larmes — il le savait. Ce n'était pas la première fois qu'il recevait une claque !

Il arriva au bord d'un fleuve. Il se mit à l'eau et s'y trouva très bien, rafraîchi, reposé.

Mais sa mère approchait. Il ne s'agissait pas de rester là, à faire la planche. Il fila joyeusement, dans le sens du courant — joyeusement parce qu'il n'avait plus mal au ventre, parce que l'eau tiède le caressait doucement — joyeusement parce qu'il pensait que sa mère ne serait pas, avec toute son astuce, assez astucieuse pour suivre sa trace dans le fleuve.

Brusquement il stoppa et fit machine arrière. Il voyait, juste devant lui, tout près, une énorme gueule béante garnie de dents très pointues — une gueule de crocodile qu'un crocodile ouvrait, dans l'espérance que le petit serpent s'y jetterait, puisqu'elle était ouverte, précisément sur son passage. Il n'avait qu'à continuer tout droit pour y entrer.

— Qu'il entre seulement, pensait le crocodile, je me charge
du reste.

Mais le petit serpent n'entra
pas, fit demi-tour et fila dans le
sens opposé, en remontant le
courant.

Il tremblait encore d'avoir vu
de si près, jusqu'au fond, l'inté-
rieur de cette gueule
de crocodile, quand il
vit soudain, béante de-
vant lui, une autre
gueule plus large en-
core, immense, infor-
me, rouge, avec des
dents! — ah! quelles
dents! une gueule d'hippopotame qu'un hippopotame ouvrait,
pour bâiller simplement, pas méchamment, sans penser à
mal, sans penser au petit serpent, sans penser à rien du
tout, car un hippopotame pense rarement à quoi que ce

soit quand il ne pense pas à manger. Et celui-là n'y pensait pas pour l'instant, il venait de déjeuner.

Le petit serpent qui ne savait pas tout cela eut peur de cette gueule-là encore plus que de l'autre, et n'osant pas descendre le courant à cause du crocodile, ni le remonter, à cause de l'hippopotame, il traversa le fleuve et aborda sur l'autre rive.

Ces allées et venues lui avaient fait perdre du temps. Sa mère approchait ; il s'enfonça dans la brousse. Elle s'y enfonça derrière lui.

Sur son pauvre ventre endolori, le petit serpent allait si vite que toutes les bêtes, quand il passait, étaient effrayées.

Personne n'avait jamais vu personne marcher de cette façon-là.

Il passa entre les pattes d'un lion qui rugit de terreur et leva précipitamment ses pieds, l'un après l'autre, pour que cette étrange bête ne le touchât pas.

Le lion n'était pas encore rassuré quand, à la même allure, arriva la mère serpent. Il retira ses pieds, plus précipitamment encore, rugit encore plus fort et s'en alla majestueusement, lentement, raidissant sa queue pour que l'on ne pût pas deviner combien il avait envie de se la mettre entre les jambes et de s'enfuir au grand

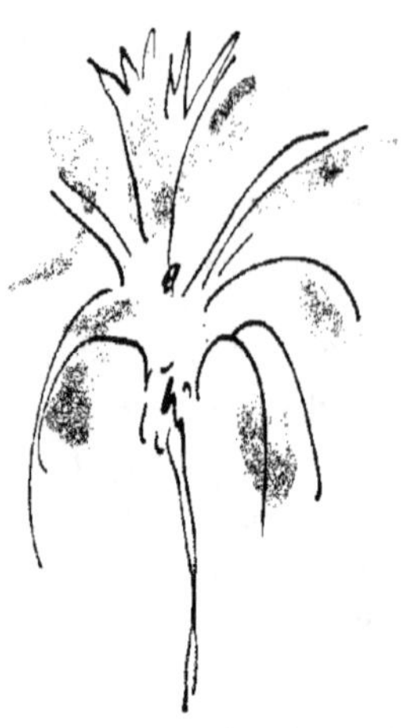

galop, se retournant tous les deux pas pour s'assurer qu'aucune de ces étranges bêtes ne le poursuivait.

Un peu plus loin le petit serpent passa sur le cou d'une girafe qui dormait, étendue tout de son long en travers du chemin. Elle se réveilla, se leva, devint aussi haute qu'un arbre. Mais elle n'était pas complètement éveillée, elle ne comprit pas ce qui arrivait — elle ne comprenait jamais très bien ce qui arrivait, même quand elle était complètement éveillée.

Elle vit venir la mère serpent, écarta les pattes pour la laisser passer. Il y avait, entre ses pattes, beaucoup plus de place qu'il n'en fallait pour laisser passer la mère serpent qui passa.

Et la girafe ne comprit jamais ce qui
était arrivé. Ce n'était, d'ailleurs, pas facile
à comprendre pour une girafe.

Le petit serpent filait toujours, droit devant lui. Très fatigué, très essoufflé, il avait très
mal au ventre, il n'avait plus
de pattes et il avait des crampes
dans les pattes.

Il n'en pouvait plus, sa mère
sûrement allait le rattraper.

Et quelle claque il recevrait !

Alors il aperçut un trou,
l'orifice d'une étroite galerie qui
semblait s'enfoncer dans la terre.
Il pensa rapidement :

— Voilà mon affaire ! ma
mère est trop grosse pour pénétrer là-dedans.

Il s'y précipita.

Quand il fut sûr d'avoir rentré sa queue tout entière derrière lui, de n'en avoir rien
laissé dehors, il s'arrêta.

Il ne savait pas où il se
trouvait.

A l'abri de la colère mater-
nelle, cela lui suffisait, pour
l'instant.

Or ce trou était un des deux

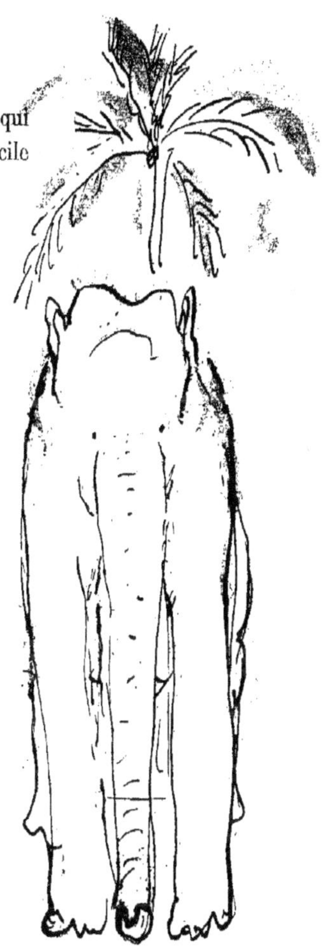

trous du bout de la tromphe d'un éléphant, et le petit serpent venait d'entrer dans le nez de cet éléphant.

La mère serpent arriva, juste à temps pour l'y voir disparaître. Elle se rendit compte immédiatement, sans avoir besoin d'essayer, qu'elle était beaucoup trop grosse pour entrer dans ce trou-là.

Elle attendit que l'éléphant se réveillât, et alors elle lui demanda :

— Gros père éléphant, ne sens-tu rien dans ton nez ?

— Je n'ai pas de nez, dit l'éléphant.

— Pas de nez ! Qu'est-ce que c'est, alors, que cette grande machine qui te pend, à la place où tu devrais avoir un nez ?

— C'est une trompe.

— Une trompe ! Eh bien ! dis-moi, ne sens-tu rien dans ta trompe ?

— Non ! répondit l'éléphant, rien du tout. Ou plutôt si ! Tiens ! tiens ! qu'est-ce qui me gêne pour respirer par la narine droite ?

— C'est mon fils, dit la mère serpent.

— Quelle idée, dit l'éléphant, d'être allé se fourrer là.

Depuis ce temps l'éléphant, — qui disputait jusqu'alors au rhinocéros, parmi toutes les bêtes, le premier prix de bêtise — depuis ce temps l'éléphant donne chaque jour les preuves les plus convaincantes de malice et d'intelligence.

C'est simplement que le petit serpent, logé tout au fond de son nez, tout près de son tout petit cerveau, se trouve très bien placé pour lui donner des conseils.

Quand l'éléphant va faire une bêtise, le petit serpent qui est très intelligent s'en aperçoit et lui dit :

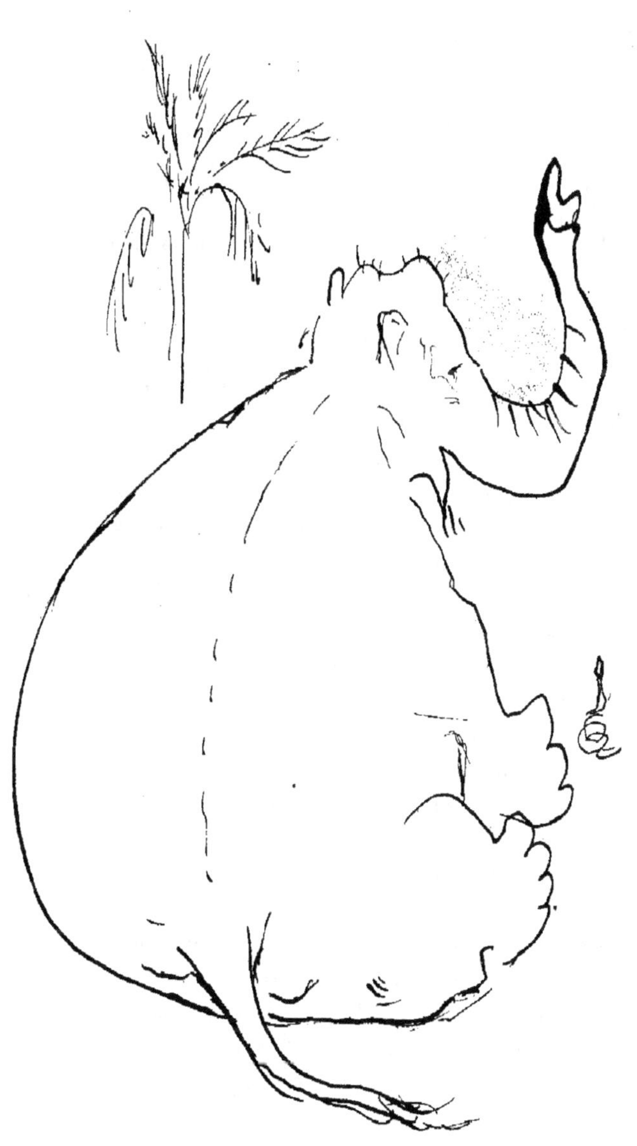

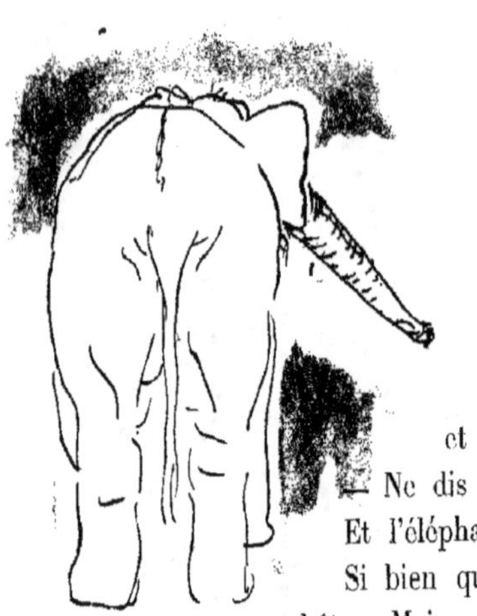

— Ne fais pas ça !

Et l'éléphant ne le fait pas.

Quand l'éléphant va dire une ânerie, le petit serpent qui se méfie, la devine à coup sûr et lui souffle :

— Ne dis pas ça !

Et l'éléphant ne le dit pas.

Si bien qu'il passe pour la plus sage des bêtes. Mais ce n'est pas lui, c'est le serpent.

Le petit père Renaud réfléchit un instant et s'écria :

— Alors, papa, un éléphant qui aurait un serpent dans chaque trou de son nez serait encore plus intelligent.

— Ne crois pas cela, ne crois pas que les éléphants qui ont deux serpents dans le nez soient deux fois plus intelligents que ceux qui n'en ont qu'un. Non !

Cela peut arriver, cela arrive même quelquefois quand les deux serpents ont les mêmes idées et disent chaque fois, deux fois la même chose à l'éléphant qui sait ainsi deux fois mieux ce qu'il a à faire. Et pour peu que ces deux serpents soient supérieurs à la moyenne, l'éléphant devient tout à fait remarquable parmi les éléphants.

Mais si les deux serpents n'ont pas les mêmes idées, oh ! là ! là ! Qu'est-ce qui se passe ! Quand l'un souffle blanc à l'éléphant, l'autre lui souffle vert, ou jaune, ou rouge. Quand l'un dit : « Je veux bien ! » L'autre crie : « Jamais de la vie ! » Et le pauvre éléphant ne sait plus où il en est, il perd complètement la tête, commence à faire une chose et puis s'arrête pour en faire une autre. Ses parents, ses amis, trouvent que son état devient vraiment

inquiétant, mais lui ne se
tourmente pas.

Ici, le petit père Renaud
m'interrompit :

— Dis, papa, elles sont vraies
toutes les histoires que tu me
racontes-là ?

— Non ! répondis-je tristement. Et c'est dommage, parce
qu'elles prouveraient qu'on explique facilement les choses
les plus extraordinaires, pour peu qu'on se donne la peine
de réfléchir.

Tu comprends maintenant pourquoi les serpents n'ont
pas de pattes. Mais pourquoi ont-ils cette forme de long
saucisson avec une tête à un bout et une queue à l'autre
bout ? On ne peut pas croire qu'ils aient été bâtis comme
cela, depuis le commencement, quand toutes les autres bêtes
ont été construites autrement.

Non ! Mais ça s'explique très aisément si l'on prend la
peine de réfléchir que le petit serpent était rond comme
une bonne petite bête ordinaire, bien grassouillette, bien
nourrie — sa mère ne le laissait manquer de rien — lors-
qu'il entra dans la trompe de l'éléphant.

Quand il fallut qu'il grossît — il fallut nécessairement
qu'il grossît, puisqu'il était encore tout petit — il ne put
pas grossir tout autour de lui-même, il n'y avait pas de
place. Il grossit comme il put, en s'allongeant par devant,
en s'allongeant par derrière, là où il trouvait de l'espace
libre, et il prit la forme qu'on voit aujourd'hui à tous les
serpents.

Je ne parle pas, bien entendu, des lézards qui sont

des serpents manqués, comme je te l'ai déjà expliqué.

Si tu as oublié, quand l'histoire sera imprimée tu chercheras l'endroit où c'est expliqué — je ne me rappelle plus à quelle page.

Et puis les pages n'ont pas encore leurs numéros.

Le petit père Renaud, se penchant sur mon manuscrit, dit :

— Alors, qu'est-ce que c'est que ces petits gribouillis noirs dans le coin des pages, en haut ? Tu m'as dit que c'était là que tu mettais les numéros. Tu vois, il y en a à toutes les pages.

— Ce sont bien des numéros, mais ce ne. seront plus les mêmes aux mêmes endroits quand le livre sera imprimé.

— Tiens ! pourquoi est-ce que ce ne seront plus les mêmes ?

— Parce qu'une page de mon écriture ne fait pas juste une page d'imprimé. Alors il y aura dans le livre, plus ou moins de pages que dans le manuscrit, et les mêmes numéros ne correspondront plus aux mêmes endroits de l'histoire. Comprends-tu ?

— Non, je ne comprends pas. C'est très mal expliqué. Mais ça m'est égal. Et puis, tu sais, elle est très bête cette histoire.

— Ah ! tu trouves.

— Oui ! très, très bête ! mais elles sont bien plus amusantes quand elles sont bêtes.

HISTOIRE

DU GROS ARBRE

QUI MANGEAIT LES PETITS ENFANTS

Je me promenais avec le petit père Renaud. Nous passâmes devant le restaurant de Madrid, et nous vîmes ce vieil arbre énorme, à moitié mort, raccommodé avec du plâtre, qui empiète sur la chaussée.

Le petit père Renaud me confia :

— Tu vois ce gros arbre ! il est très méchant, il mange les petits enfants.

— Ah ! ça m'étonne ! Qui te l'a dit ?

— Personne. Mais je sais qu'il est devenu tellement gros parce qu'il a mangé beaucoup de petits enfants.

— Alors raconte-moi son histoire.

— Je ne sais pas son histoire. Je sais seulement qu'il a mangé beaucoup, beaucoup de petits enfants. Maintenant il n'en mange plus parce qu'il est trop vieux.

Quand nous fûmes rentrés à la maison, je pensai :

— Je vais faire une bonne farce au petit père Renaud, je vais écrire ce soir l'histoire du gros arbre qui mangeait les petits enfants et je la lui lirai demain.

Le lendemain, après déjeuner, au jardin, je lui demandai :

— Connais-tu l'histoire du gros arbre qui mangeait les petits enfants ?

— Mais non ! je t'ai déjà dit que je ne la savais pas.

— Hé bien ! moi je vais te la lire.

Le petit père Renaud fut tellement étonné qu'il fit seulement : « Oh ! », ouvrit de grands yeux et écouta.

HISTOIRE DU GROS ARBRE QUI MANGEAIT
LES PETITS ENFANTS

Il était une fois, dans une forêt, au bord d'un chemin, un gros arbre qui mangeait les petits enfants.

Quand un petit enfant passait tout seul, sur le chemin, l'arbre mangeait le petit enfant.

S'il passait deux petits enfants, s'il passait trois petits enfants, voilà deux, voilà trois petits enfants mangés !

Mais si quatre petits enfants s'en venaient ensemble, sur le chemin, l'arbre les laissait passer sans les déranger parce qu'il n'osait pas manger plus de trois enfants à la fois. Il n'y aurait pas eu de place pour le quatrième dans son estomac, ce quatrième-là se serait sauvé et aurait raconté pourquoi les autres ne revenaient pas.

Mais comme cela, quand l'arbre se mettait à manger, tout le monde était toujours mangé, et personne ne restait jamais pour aller raconter que les petits enfants qui ne revenaient pas, ne revenaient pas parce que le gros arbre les avait mangés.

On se dit :

— Ce sont sûrement les charbonniers qui prennent les petits enfants.

On tua tous les charbonniers, et il n'y eut rien de changé.

On se dit :

— Ce sont sûrement les loups.

On tua tous les loups, et il n'y eut encore rien de changé.

On tua toutes les bêtes de la forêt, les renards, les blaireaux, les fouines, les cerfs, les chevreuils, les lapins — ce n'étaient pourtant pas les lapins qui pouvaient manger tant de petits enfants — et le gros arbre continua à s'empiffrer de petites filles, à s'empiffrer de petits garçons, chaque fois qu'il en trouvait l'occasion.

Mais il avait beau être malin, le gros arbre, il avait beau ne pas toucher aux petits enfants qui passaient quand il craignait d'en laisser échapper un, quand il n'était pas sûr de pouvoir les manger tous, tous jusqu'à la dernière bouchée, il finit cependant par se faire pincer.

Un jour, un bûcheron vint s'asseoir à l'ombre du gros arbre, appuyant son dos au tronc. Le gros arbre fut très inquiet car il avait trop de ventre pour voir ce qui se passait près de son pied, et il savait que les bûcherons coupent quelquefois les arbres.

Le bonhomme ne songeait qu'à se reposer. Il s'endormit, et l'arbre, bientôt, l'oublia.

Quand le bûcheron se réveilla, il vit, sur le chemin, s'avancer un petit garçon.

Tout à coup, une branche du gros arbre s'abaissa, s'allongea, attrapa le petit garçon et le fourra, et le poussa, poussa, poussa, poussa — ho ! pousse donc la grosse bouchée dans ta gueule ! — entre les deux maîtresses branches qui s'écartèrent, se refermèrent et se dépêchèrent de mâcher le petit garçon.

Une grosse bosse souple glissa par saccades, sous l'écorce, tout le long du tronc, et disparut brusquement.

Le petit garçon était avalé.

Le bûcheron se sauva, épouvanté. En se sauvant il suait, tremblait, grelottait, claquait des dents et trouvait encore le moyen de penser :

— Voilà donc pourquoi ce diable de hêtre venait si bien, poussait si dru, était si lui-sant, si charnu ! la sale bête !

Il arriva, es-soufflé, sur la place du village

et raconta ce qu'il venait de voir.

— Oh ! oh ! dirent les paysans, il a bu un coup, notre bûcheron, si sobre d'ordinaire !

On se moqua de lui. Personne ne le crut.

Alors il prit sa meilleure hache, la plus lourde, l'aiguisa, la jeta sur son épaule et retourna dans la forêt.

Un terrible combat s'engagea entre l'homme et l'arbre.

Les branches fouettaient l'air autour du bûcheron, se tordaient, sifflaient, en s'efforçant de le saisir. Lui, faisait tournoyer sa bonne hache au-dessus de sa tête, la lançait à droite, la lançait à gauche, sautait en avant, sautait en arrière, sans se laisser attraper. Et la hache, l'une après l'autre, coupait les branches dont les moignons frétillaient sans plus pouvoir atteindre l'homme.

Quand toutes les branches furent coupées, le bûcheron attaqua le tronc.

L'arbre ne pouvait plus se défendre. Il tomba.

Aussitôt, du tronc creux, de ce creux qui lui servait d'estomac, sortirent tous les petits enfants qu'il avait mangés. Mais ils étaient devenus tout petits, tout petits les pauvres petits, pas plus gros que la moitié d'un petit doigt. Il ne restait d'eux que ce que l'arbre n'avait pas pu digérer.

Ils se mirent à crier :

— Remmenez-nous chez nous ! Monsieur le bûcheron ! Remmenez-nous chez nous !

Et ils grimpaient le long de ses jambes, tant ils avaient peur qu'il ne les laissât là.

Le bûcheron en mit dans ses poches, dans les poches de sa culotte, dans les poches de sa veste, dans les poches de son gilet. Toutes ses poches furent bientôt pleines, et des tas de bonshommes restaient encore qui criaient :

— Remmenez-nous chez nous ! Monsieur le bûcheron ! Remmenez-nous chez nous !

Il ôta son chapeau, le remplit de petits bonshommes. Il en restait encore beaucoup qui ne pouvaient pas entrer dans son chapeau et qui criaient de plus en plus fort :

— Remmenez-nous chez nous ! Monsieur le bûcheron ! Remmenez-nous chez nous !

Toute une bande restait encore, toute une bande de petits bonshommes, grands comme la moitié du petit doigt, qui se mirent à trottiner derrière lui sur le chemin, en lui criant maintenant de ne pas aller trop vite, parce qu'ils avaient bien de la peine à le suivre, avec leurs petites jambes.

Marchant très lentement, très doucement, le bûcheron finit par arriver au village.

Quand il y arriva enfin, avec toutes ces petites têtes qui sortaient de ses poches, des poches de sa culotte, des poches de son gilet, des poches de sa veste, de toutes ses poches, avec toutes ces petites têtes qui sortaient de son chapeau comme des petites têtes d'oiseaux sortent du nid, avec tous ces petits bonshommes qui trottinaient derrière lui sur le chemin, les gens furent bien étonnés, bien plus étonnés encore quand ils reconnurent les petits enfants qu'ils avaient perdus jadis.

Après que chacun eut reconnu les petits enfants qu'il avait perdus, beaucoup de petits enfants restaient encore que personne ne reconnaissait : ceux que l'arbre avait mangés, dans les temps très anciens, et dont les papas et les mamans étaient morts maintenant.

Et tous ces pauvres petits enfants-là se mirent à pleurer, les pauvres abandonnés !

Alors le bûcheron dit :

— Les parents qui retrouvent un enfant prendront bien un de ceux-là qui sont orphelins.

— Ceux qui en retrouvent deux en prendront bien deux.

— Et ceux qui ont la chance d'en retrouver trois en prendront bien trois.

On fit ce que le bûcheron demandait.

Ainsi tous les petits enfants furent casés, logés, nourris, soignés, et, en quelques jours, ils redevinrent exactement aussi grands qu'ils étaient quand l'arbre les avait mangés.

Et puis ils continuèrent à prendre de la taille, chacun selon ce qu'il en devait prendre.

Le bûcheron devint peu à peu très vieux, et tous les petits enfants qu'il avait rendus à leurs parents, étaient comme ses petits enfants.

— Et voilà l'histoire du gros arbre qui mangeait les petits enfants, dis-je en repliant mon manuscrit.

— Mais papa ! s'écria le petit père Renaud, ce n'est pas du tout comme ça l'histoire du gros arbre qui mangeait les petits enfants !

— Pas comme çà ! Alors raconte-la, toi !

— Puisque je te dis que je ne la sais pas !

— Alors, tu ne sais pas si elle est comme ça ou pas comme ça !

— Elle n'est sûrement pas comme ça, puisque le gros arbre est encore là. Nous l'avons vu hier.

— Ah ! tu es trop difficile ! Et puis il n'y est peut-être plus depuis hier.

Tranquillement le petit père Renaud répliqua :

— Nous irons voir tout à l'heure, quand nous sortirons après le goûter.

Quand nous sortîmes, naturellement nous trouvâmes le gros arbre à l'endroit où il était d'habitude.

— Tu vois bien qu'il est encore là, dit le petit père Renaud.

— Oui, mais ce n'est pas celui de mon histoire, voilà

tout ! Celui-là n'a peut-être jamais mangé de petit enfant.

— Oh ! si ! il en a mangé beaucoup, beaucoup plus que
celui de ton histoire, mais ce n'est pas le même. On dira
qu'il y avait autrefois deux gros arbres qui mangeaient les
petits enfants. Maintenant il n'y en a plus qu'un, et il ne
mange plus les petits enfants parce qu'il est trop vieux.
Il n'a plus de dents.

— Ça n'est pas une raison ! Les ogres vivent très vieux,
et quand ils n'ont plus de dents, ils coupent les petits
enfants en petits morceaux avant de les manger. Comme
cela ils peuvent encore les avaler. Mais ce gros arbre-là, tu
vois bien qu'on lui a rempli
la bouche de plâtre, elle est
tout à fait obstruée, il ne
peut plus rien y faire entrer.

— Papa, qu'est-ce que
ça signifie « obstruée » ?

— Ça signifie bouchée.
Je ne pouvais pas dire qu'il
a la bouche bouchée, ça
n'aurait pas été joli.

— Oh ! tu dis bien
souvent des choses qui ne
sont pas plus jolies que ça !

— Merci ! Enfin ce
pauvre arbre a la bouche
bouchée, obstruée, fermée,
tout ce que tu voudras ! il
ne peut plus rien y faire
entrer. Et puis tu vois

qu'on lui a coupé toutes les branches d'en bas pour l'empê-cher d'attraper les petits enfants qui passent.

— Oui ! il va bientôt mourir de faim ! Et il n'y aura plus un seul gros arbre qui mange les petits enfants.

C'est dommage !

HISTOIRE

DU PETIT OURS

Après le déjeuner, le petit père Renaud était assis dans un fauteuil, les jambes allongées, comme sur une chaise longue, les deux pieds verticalement dressés. Ses talons atteignaient à peine le bord du siège.

Il dit tout à coup :

— Je suis triste.

Je fis :

— Ah !

Il ajouta :

— Je suis même très triste.

Je lui demandai :

— Pourquoi ?

Il ne répondit pas tout de suite. Au bout d'un instant il dit :

— Parce que j'ai trop mangé.

— Si je te lisais l'histoire du petit ours, cela l'aiderait peut-être à digérer.

— Je ne sais pas ce que c'est que ça : digérer. Mais je veux bien que tu me lises cette histoire.

HISTOIRE DU PETIT OURS

Il était une fois un petit ours.

En velours brun, bourré de son, il s'appelait Rouni-chond.

Son maître, un petit garçon en chair et en os — un petit garçon ordinaire — s'appelait Toto.

Rounichond couchait chaque soir dans le lit de Toto. Pas dans les draps, cela n'eût guère été propre car un ours ça traîne un peu partout — mais entre la couverture et l'édredon.

Pendant des heures, Toto et Rounichond bavardaient.

Toto parlait.

Rounichond écoutait. Et quand il devait répondre, Toto répondait pour lui, en changeant simplement sa voix qui devenait la voix de Rounichond.

Pendant ces heures-là, les parents de Toto étaient tranquilles, car le petit bonhommet ne songeait pas à faire de bêtises, et jamais il ne se disputait avec son ours puisqu'il lui faisait dire ce qu'il voulait.

Un soir, on oublia de mettre Rounichond à sa place accoutumée, entre la couverture et l'édredon.

Toto ne s'aperçut pas que son cher compagnon n'était pas là, il s'endormit sans rien réclamer.

Au milieu de la nuit il se réveilla. Il fut très étonné, et un peu effrayé. Il n'aurait jamais cru que l'on pût se réveiller au milieu de la nuit.

Il allongea le bras pour caresser le fidèle Rounichond. Il ne trouva pas le fidèle Rounichond. Il se réveilla tout à fait, chercha, ne trouva pas.

Alors il se sentit seul, abandonné dans les ténèbres, une immense terreur l'envahit, et il se mit à hurler si fort que tout le monde fut bientôt debout dans la maison.

Seuls les deux petits frères de Toto ne se levèrent pas. Ils s'enfoncèrent jusqu'au fond de leur lit pour ne rien voir, en se bouchant les oreilles pour ne rien entendre. Et leurs têtes occupèrent la place habituellement réservée aux pieds, tandis que leurs orteils tremblaient sur l'oreiller.

Le papa, à tâtons, se précipita vers l'armoire où reposait son revolver, pendant que la maman allumait la bougie, en claquant des dents.

Et tous deux, en chemise, l'un par devant tenant le revolver, l'autre par derrière tenant la bougie, entrèrent courageusement dans la chambre de Toto.

Toto était assis sur son lit. Quand il vit des figures amies il cessa de pleurer, et d'une voix que secouaient encore de gros sanglots, qu'interrompaient de longs reniflements, il dit :

— Rou-ni-chond-n'est-pas-là !

— Comment? quoi? qu'est-ce qu'il y a? où as-tu mal? interrogeaient pêle-mêle le papa et la maman.

— Je n'ai pas mal quelque part, reprit Toto en reniflant et en ravalant des restes de sanglots, c'est-Rou-ni-chond-qui-n'est-pas-là !

—Comment ! dit le papa, Rounichond n'est pas là, et c'est pour cela que tu nous fais tous lever !

— Mais-il-n'est-pas-là-Rou-ni-chond ! Rou-ni-chond-n'est-pas-là !

Les coins de la bouche de Toto s'abaissèrent, il ferma convulsivement les yeux, ouvrit démesurément la bouche et se remit à pleurer.

— Allons ! dit le papa impatienté, le voilà ton Rounichond ! ne pleure plus ! il n'est pas perdu ton Rounichond ! dors maintenant et laisse-nous dormir aussi !

Le papa glissa Rounichond à sa place accoutumée et s'en alla, grognant, ronchonnant.

La maman moucha Toto, l'embrassa et s'en alla, sans grogner ni ronchonner.

Les petits frères remirent leur tête sur l'oreiller.

Et dix minutes plus tard tout le monde dormait.

Mais Toto dormait mal. Il s'agitait, se retournait, se mettait en chien de fusil, allongeait une jambe, allongeait l'autre, et rêvait que Rounichond était dévoré par une araignée.

Il se réveilla à moitié et ne sentit plus le museau du fidèle Rounichond contre sa joue.

Il se réveilla tout à fait, chercha ; le fidèle Rounichond avait disparu.

Alors le pauvre Toto sentit qu'il était vraiment un petit garçon très malheureux, il se remit à hurler.

— Cette fois-ci, dit la maman en rallumant la bougie, il est sûrement arrivé quelque chose.

— Ah ! zut ! dit le papa, qu'est-ce qu'il a encore cet animal-là ?

Ils trouvèrent, comme la première fois, Toto assis sur son lit et pleurant à robinet grand ouvert.

— Rounichond ! hurlait-il, il est parti Rounichond ! l'araignée l'a mangé ! il est parti ! Hi ! Hi ! Hi !

Le papa, furieux, alla se recoucher.

La maman essaya de consoler Toto.

— Allons ! Allons ! ne pleure plus ! il est là ton Rounichond ! tiens ! le voilà !

Mais elle eut beau chercher Rounichond, impossible de le retrouver.

Et Toto hurlait de plus en plus fort :

— C'est l'araignée qui l'a mangé ! Hi ! Hi ! Hi !

— Mais non, dit la maman, il est allé se promener, il reviendra, il n'est pas perdu ! Allons ! ne pleure plus ! c'est fini !

— Mais non ! ce n'est pas fini ! Hi ! Hi ! Hi ! c'est l'araignée qui l'a mangé !

Enfin, Toto ne voulant pas être consolé, sa maman l'abandonna dans l'obscurité.

Pendant un quart d'heure encore il pleura. Puis il s'endormit tout à coup, écrasé de fatigue. Et de gros sanglots le secouèrent longtemps, pendant qu'il dormait.

Le lendemain matin, la bonne, en faisant le lit de Toto, trouva Rounichond à moitié écrasé entre le matelas et le sommier.

— Ah ! s'écria-t-elle, le voilà vilaine bête ! tu nous as tous empêchés de dormir. Tiens ! Va voir dans la rue si j'y suis !

Elle lança Rounichond par la fenêtre.

Il tomba et ne se fit aucun mal parce qu'il était souple et mou. Il ne cria même pas parce qu'il tomba sur la tête. Il fallait lui appuyer sur le ventre pour le faire crier.

Il resta couché, le nez sur le pavé.

Un petit garçon qui passait, le ramassa.

Ce petit garçon était peu et mal habillé. Il n'avait ni gants, ni cravate, ni chapeau, ni souliers, ni chaussettes, ni caleçon, ni chemise, mais seulement une culotte largement percée en plus d'un endroit, et un veston qui ressemblait assez à une vieille jaquette ou à une vieille redingote.

Il palpa l'ours, le retourna, le caressa, l'embrassa et partit au galop pour rentrer chez ses parents — des bohémiens montreurs d'ours.

Leur roulotte n'était pas un de ces appartements de luxe qu'habitent les forains cossus, mais, simplement montée sur deux mauvaises roues, une grande caisse faite de planches mal rabotées, mal jointes, mal peintes.

Le père s'attelait entre deux courts brancards et tirait.

La femme et les enfants marchaient par derrière, poussant aux montées, retenant aux descentes.

Les ours marchaient aussi par derrière, sans rien faire de plus, ni à la montée ni à la descente.

Le soir venu on rangeait la guimbarde au bord de la route, et toute la famille s'entassait dedans.

Les ours couchaient dessous.

Le petit garçon les trouva, solidement endormis. Il posa Rounichond entre les pattes de Madame Ours, puis il chatouilla la plante d'un pied de sa vieille amie avec une paille.

Madame Ours retira brusquement son pied en écartant les orteils.

Le petit garçon chatouilla un second pied.

Madame Ours ouvrit les yeux et grogna.

Le petit garçon cacha vivement sa paille derrière son dos et dit :

— Es-tu malade ?
Tu t'agites en dor-
mant, tu grimaces
avec tes doigts, tu
gesticules avec tes
jambes comme si tu avais le
cauchemar.

L'ourse n'écoutait pas,
elle venait d'apercevoir Rounichond.

— Gros-pataud ! cria-t-elle
à son mari, réveille-toi !
Regarde ! Il nous est venu
un joli petit enfant ! Allons !
réveille-toi ! Gros pataud !

Gros-pataud se réveilla,
vit le nouveau-né, sauta :

— Quelle chance ! comme
il est joli !

La maman léchait déjà
son fils. Elle le retournait
sur le dos, le couchait sur le
ventre, lui mettait la tête en
bas, la tête en l'air, et le

léchait à droite, le léchait à gauche, par-devant, par-derrière, et allez donc ! sans perdre courage.

Elle devint féroce, personne ne put l'approcher. Elle
refusa de danser.

Gros-pataud eut double travail. Par-dessus le marché il
dut porter son fils à chaque étape, et il s'aperçut bientôt,

une fois calmés les premiers bouillonnements de l'amour paternel, que ce fils chéri était un peu endormi.

Il dit à son épouse :

— Il me semble que notre petit n'est pas très dégourdi. Il ne remue pas, il ne crie que si j'appuye de tout mon poids sur son ventre. Je crains qu'il ne soit pas très réussi. Nous devrions consulter un vétérinaire.

— Imbécile ! répondit la mère. Tous les petits ours sont ainsi quand ils viennent au monde. Il suffit de bien les lécher pour qu'ils se développent et deviennent de beaux gros ours intelligents. Aide-moi ! ça ira plus vite.

Et les deux époux se mirent à baver sur Rounichond, à le lécher, à le sucer, à droite, à gauche, en haut, en bas, par-devant, par derrière, et allez donc ! sans perdre courage.

Peu à peu le petit ours s'éveilla.

Un jour il ouvrit les yeux, agita les pattes.

Le lendemain il cria, sans que personne lui eût touché le ventre.

Bientôt il marcha.

Les deux époux bavèrent de plus belle sur leur fils, et le léchèrent et le sucèrent à qui mieux mieux, à droite, à gauche, en haut, en bas, par-devant, par-derrière, et allez donc ! sans perdre courage.

Au bout de six mois il était aussi grand que sa mère.

Au bout d'un an il était plus grand que son père, et ses parents cessèrent de le lécher, craignant qu'il ne devînt ridiculement gros et monstrueusement intelligent.

Ils ne s'arrêtèrent pas assez tôt. Ils lui avaient beaucoup trop léché la tête, et son intelligence était déjà monstrueuse.

Après une leçon, une seule, il connut mieux que ses parents toutes les finesses de la danse des ours.

Il apprit à lire, sans professeur, simplement en regardant les affiches qui vantaient, collées aux murs le long des routes, un chocolat sans rival, un pneumatique incomparable, une absinthe hygiénique, un journal à tirage exorbitant, un pétrole au parfum exquis, ou des sardines à l'huile dont un homme de génie faisait des œuvres d'art toujours plus voisines de la perfection.

Ecrire lui fut naturel, dès qu'il sut lire.

Il devina toute la physique en voyant bouillir l'eau dans la marmite où mijotait la soupe.

La chimie, les mathématiques étaient rangées dans sa tête, sans même qu'il s'en doutât, prêtes à sortir à la première occasion.

Il posséda bientôt à fond toutes les sciences naturelles ; il n'eut qu'à regarder la nature.

Et la physiologie, la cosmologie, la paléontologie, toutes les sciences en logie, lourdes comme pierres pour nos esprits ordinaires, étaient friandises légères pour sa cervelle bien léchée.

Oh ! la bonne mère ourse ! et l'excellent père ours !

Un jour, après plusieurs mois de pérégrinations, les bohémiens se retrouvèrent dans le voisinage de la ville que Rounichond habitait autrefois.

La journée était chaude, hommes et ours s'endormirent, à l'ombre d'un pommier, dans l'herbe épaisse comme un matelas.

Seul Rounichond ne dormait pas. Par les rues désertes, il se dirigea vers son ancienne maison. A travers la grille du jardin il vit Toto qui s'amusait à baigner un canard de caoutchouc dans un pot de peinture noire.

Il entra, s'approcha sans bruit du petit garçon, le saisit à pleine gueule par le fond de sa culotte et l'emporta.

Les rues étaient désertes, Toto terrorisé ne poussa pas un cri.

Rounichond le déposa devant le papa ours qui demanda :

— Qu'est-ce que tu nous apportes de bon à manger ?

— Rien à manger ! A bas les pattes, papa ! Je vous présente mon ami Toto. Il faudra que vous  le léchiez sérieusement, pour qu'il devienne un gaillard musclé et intelligent.

— C'est bien facile, dit la mère ourse, pose-le là.

Toto claquait des dents, sans dire un mot.

— Allons-y ! commanda le papa ours.

Aussitôt trois langues vigoureuses, larges et gluantes se promenèrent sur Toto, à droite, à gauche, en haut, en bas, par-devant, par-derrière, et allez donc ! sans perdre courage ! le retournant sur le dos, le couchant sur le ventre, lui mettant la tête en l'air, le culbutant la tête en bas. et allez donc ! sans perdre courage !

Au bout d'une heure, Toto qui jamais encore n'avait pu compter plus loin que quatre, savait entasser les unités sur les dizaines, les dizaines sur les centaines,

les centaines sur les mille, les mille sur les millions, et exécuter impeccablement les plus pesantes additions, les plus ardues soustractions, les plus copieuses multiplications, les plus subtiles divisions.

Alors les trois ours prirent un peu de repos.

Après une seconde séance, Toto avait gagné dix kilos sans avoir fait aucun nouveau progrès dans le domaine de l'intelligence. Rounichond, découvrit vite la cause de cet arrêt : Toto n'aimait pas qu'on lui léchât la tête, et ces grosses langues qui glissaient sur ses yeux, qui entraient dans son nez, qui bavaient sur ses lèvres comme des escargots, le dégoûtaient. Aussi cachait-il de son mieux son crâne et son visage sous ses deux mains.

— Veux-tu donc rester idiot ? lui demanda sévèrement Rounichond.

Et désormais il se chargea lui-même de la caboche de Toto.

Les progrès furent surprenants.

En quelques jours Toto devint démesurément intelligent, tellement intelligent que Rounichond n'était plus qu'une bête en comparaison de son élève.

Sur la tête de Toto qui grossissait, grossissait, la peau se tendait comme un papier mince sur un pot de confiture, et les cheveux s'écartaient de plus en plus les uns des autres.

Le papa ours s'inquiéta et dit à Rounichond :

— Ne crois-tu pas qu'il serait sage de nous arrêter ? Cette grosse boule flasque ne me dit rien qui vaille. Qu'est-ce qui va arriver si nous la faisons grossir encore ?

— Tu dis des bêtises, papa, répondit Rounichond. Laisse-moi faire ! Je veux que Toto devienne un garçon comme on n'en a jamais vu. Je veux qu'il puisse expliquer aux hommes toutes ces choses qui leur paraissent si compliquées, si mystérieuses et qui nous paraissent si simples, à nous autres, intelligences supérieures.

— Quelles choses ? demanda l'ours.

— L'origine du monde, répondit Rounichond, le problème du mal, de l'immortalité de l'âme, des rapports du physique et du moral, etc. etc.

— Et cœtera ! Et cœtera ! dit l'ours, ça va encore. Le reste, je ne comprends pas !

— Tu n'as pas besoin de comprendre, dit Rounichond.

Et ils se remirent à lécher la tête de Toto.

Soudain on entendit une détonation. La tête de Toto venait d'éclater. La peau de son crâne, déchiquetée, retomba sur ses épaules comme un manteau de dentelle. Une petite fumée monta, tourbillonna, s'évanouit. C'était son intelligence qui s'en allait.

A côté de lui, Rounichond gisait, **mort**, asphyxié par les gaz qu'avait produits l'explosion.

L'ours éternua violemment deux ou trois fois et dit :

— Les hommes n'auront pas encore l'explication de tous ces et cœtera et autres fameuses choses compliquées qui paraissaient si simples à ces intelligences supérieures.

— Ils s'en passeront, dit la mère ours.

— Il faudra bien, dit le père ours.

Et tous deux pleurèrent beaucoup.

LE LOUP

ET LA TORTUE

Le petit père Renaud dit :

— Ça ! c'est une belle histoire !

— Tu trouves ?

— Oui ! mais je vais t'en raconter une bien plus belle.

— Ah !

— Oui ! c'est une fable que j'ai apprise.

— Une fable de La Fontaine ?

— Non, une fable que maman a inventée et qu'elle m'a fait apprendre pour le jour de ta fête. Ce sera une surprise.

— Si tu me la récites maintenant ce ne sera plus une surprise.

— Au contraire ça fera deux surprises — une aujourd'hui et puis encore une le jour de ta fête. C'est une fable qui s'appelle le loup et la tortue.

Et le petit père Renaud récita :

LE LOUP ET LA TORTUE

Dès que le soleil fut couché, la grosse tortue avala sa tête et ses pattes dans sa carapace.

Avant de s'endormir elle rit.

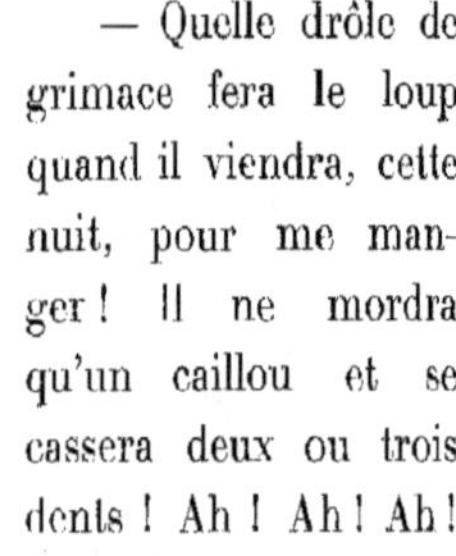

— Quelle drôle de grimace fera le loup quand il viendra, cette nuit, pour me manger ! Il ne mordra qu'un caillou et se cassera deux ou trois dents ! Ah ! Ah ! Ah !

Et la tortue retira tant qu'elle put, sa tête et ses pattes, bien au chaud, bien au fond de sa maison, par peur du renard qui a le nez plus pointu que le loup.

Quand elle se réveilla, le lendemain matin, elle ne rit plus. Elle avait oublié de rentrer sa queue et le loup l'avait mangée.

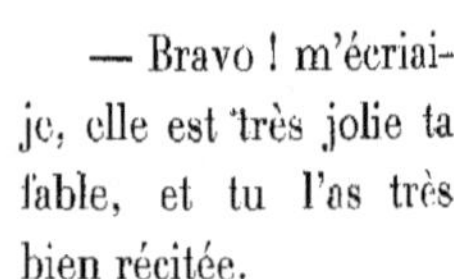

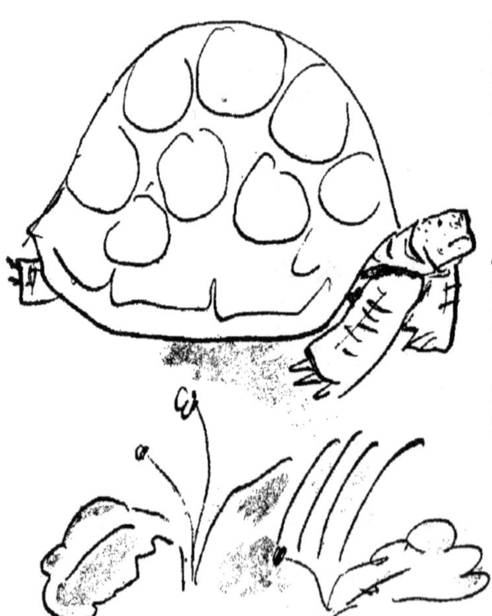

— Bravo ! m'écriai-je, elle est très jolie ta fable, et tu l'as très bien récitée.

— Oui, je la récite très bien, sans faute. Mais quelquefois je

m'embrouille quand la tortue retire ses pattes. Alors il faut
que je recommence tout, depuis le commencement.

— Cette fois-ci, heureusement, tu ne t'es pas em-
brouillé.

— Quand je te la réciterai, le jour de ta fête,
je m'embrouillerai peut-être.

— Alors tu recommenceras.

— Oui ! tout, depuis le commencement.

— Tu ne t'embrouilleras peut-être pas.

— Peut-être que je ne m'embrouillerai
pas.

— Espérons-le !

TABLE

ACHEVÉ D'IMPRIMER
LE 27 NOVEMBRE 1926
PAR F. PAILLART A
ABBEVILLE (SOMME)